Crianças do Amanhã

Diretrizes para Criar Filhos Felizes no século 21

Michael Laitman

Laitman Kabbalah Publishers

Crianças do Amanhã

Diretrizes para Criar Filhos Felizes no século 21

Todos os direitos reservados Publicado por Laitman Kabbalah Publishers www.kabbalah.info info@kabbalah.info

1057 Steeles Avenue West, suite 532, Toronto, ON, 3X1 M2R, Canadá 2009 85 street # 51, Brooklyn, New York, 11214, EUA

Impresso no Brasil

Compilação: s. Ratz, G. Gerchikov, H. Kantzberg, R. Cohen, L. Regev-Gol, Y. Garanturov, t. Akerman, J. Gamburg, A. Sharabi, H. Tapiaro, A. Adam, V. teshuvá, M. Ravi, S. Gal, M. Pikler, A. Belotzerkovsky, Y. Kim Tradução: Naor Y.

Editora: C. Gerus

Editores Associados: Montana R.M., C. medansky, S.M. Kosinec, B. Shillington Capa e Design: Studio Yaniv, B. Khovov

Editor Executivo: C. Ratz

Publicação e Pós-produção: Uri Laitman

Tradução para o Português: Andie Sheppard

Biblioteca do número de controle do Congresso: 2011924002

Primeira edição: dezembro 2011 Primeira impressão

Conteúdo

"Nós não criamos nada novo. Nosso trabalho é apenas iluminar

O que se esconde dentro de cada um. "

Menachem Mendel de Kotzk

Introdução

E m cada um de nós, existe uma centelha que nos chama do lugar mais profundo. A correria da vida cotidiana pode turvar isso em nossas mentes, mas cada vez que olhamos para nossas crianças deslizam para fora da escuridão e nos toca profundamente em nossos corações. Por um breve momento, nos lembra que uma vez, há muito tempo atrás, nós éramos diferentes. Tínhamos sonhos e víamos o mundo com outro olhar, mais simples, mais verdadeiro, mais puro, e mais penetrante.

Hoje, uma nova geração está crescendo perto de nós e não está disposta a se contentar com o que existe, e certamente não se contenta com o que já passou. Esta geração não vai deixar que a faísca apague. É uma geração que quer saber, compreender, e descobrir para que a vida serve. e eles, nossos filhos, não descansarão até que possamos lhes trazer algo real, algo que nutra seus corações.

"Crianças do Amanhã" consiste em trechos inspiradores e pungentes extraídos das conversas do Cabalista Dr. Michael Laitman realizadas com psicólogos, educadores, pais e crianças. Juntos, esses trechos e oferecem uma pincelada de um profundo método educativo expansivo baseado na sabedoria da Cabalá, que é destinada para esta geração.

É um livro que vai trazer uma nova luz para aqueles cujos corações estão interessados pela educação, os pais que desejam ver um brilhante futuro para seus filhos, professores e educadores que desejam ampliar os seus horizontes, e qualquer pessoa cujo coração ainda tenha um pouquinho de criança em si.

PRIMEIRA PARTE

A Nova Geração

Avançando Capítulo Um Avançando
Além da matéria

haverá uma geração, Esperamos vê-la em breve,

que verdadeiramente deseja se livrar deste mundo

e ir para um mundo de informações, um mundo de forças,
que se encontra além da matéria,

e que é chamado "mundo espiritual". 12
Crianças do Amanhã

A Necessidade de "Ser" Humano

Hoje

Pela primeira vez sentimos...
Apesar de ainda não entendermos, Essa geração mais jovem
Está descobrindo Uma necessidade Para desenvolver
O "humano" dentro de si.

13

Avançando

Em uma freqüência diferente esta geração é especial.

é sintonizada em uma freqüência diferente em comparação com gerações anteriores porque o seu receptor é diferente.

14

Crianças do Amanhã Uma geração especial a geração mais jovem

tem almas completamente diferentes, De uma qualidade diferente. querem, literalmente

Sentir o mundo mais elevado, mais espiritual.

as crianças de hoje são construídas para isso.

se apenas começarmos a estudar com eles

Vamos rapidamente sentir como eles estão

nos puxando para frente, no interior,

para os vastos reinos da sabedoria. 15
Avançando Adaptando-nos à nova geração
Para tocar os corações das crianças,

Nós, que viemos de uma geração anterior,

devemos reconhecer

como somos fundamentalmente diferentes deles.

Não devemos pensar

que eles devem nos amar e nos aceitar como somos Sem a nossa mudança.

Pelo contrário,

Temos que tentar

e nos adaptar a eles tanto quanto possível. 16
Crianças do Amanhã

Tratar as crianças como adultos

as crianças de hoje

são realmente maduras em sua política interna
Preparação para o desenvolvimento, e devemos tratá-los como tal.
17

Fuga para frente

Olhando para a alegria genuína

Olhe para a geração mais jovem.

ela tem tudo!

mas eles estão insatisfeitos.

Por que eles procuram as drogas?

porque não desfrutam uma vida como a nossa.

18

Crianças do Amanhã

Geração Desconectada

a renovação das almas na geração atual faz com que os jovens se sintam como se

eles não tivessem nada a aprender com os adultos.

na verdade, o que eles podem aprender com as pessoas que lhes dizem:

"Levante-se pela manhã, vá para o trabalho,
seja bom, case-se, tenha filhos,
e tudo ficará bem. 19

Um Novo Método

Capítulo Dois

Um Novo Método

Foco na Alma

Os jovens de hoje precisam de uma educação de melhor qualidade que a nossa educação atual não pode fornecer.

as crianças são pequenas no tamanho, logo nos perguntamos: "O que eles sabem?"

mas é a alma deles que devemos considerar.

20

Crianças do Amanhã

Uma Mudança Importante

a nova geração está crescendo com o desejo global.

eles pertencem a um mundo global.

Já não podemos abordá-los com as antigas formas,

por isso temos que mudar nosso sistema de educação radicalmente. A formação deles deve ser adequada às novas almas

que estão aparecendo hoje,

Sem coerção,

e com uma explicação da essência do homem.

Só esta abordagem será bem sucedida. 21
Um Novo Método

Explicando a Essência da Vida

A educação não termina ao

ensinarmos os códigos comportamentais. em vez disso, a educação deve ser

uma explicação da essência da vida,

a maneira de perceber as qualidades da alma.

22

Crianças do Amanhã

O problema com a nossa Educação O problema com a nossa educação é que não estamos educando as crianças para se tornarem seres humanos.

Damos a eles conhecimento,

mas não os educamos

no sentido pleno da palavra.

"educar" significa ensinar às crianças como se relacionar consigo mesmas

e com os outros de forma adequada, ser um o ser humano completo.

23

Um Novo Método Ao invés disso

Damos a eles informações técnicas:

como apertar um parafuso, como trabalhar com um computador, um pouco de ciência,

e mandamos que sigam seus caminhos.

Nós não ensinamos as crianças

como viver suas vidas corretamente,

portanto, estamos diante de uma verdadeira

geração infeliz. 24
Crianças do Amanhã

A Crise Humana

Hoje as pessoas não podem fazer descobertas na natureza, porque nós a dividimos em quadros e caixas.

Chegamos a um ponto onde cada pessoa é um parafuso em uma máquina, ela já sabe que trabalho deve buscar e o que estudar para ganhar mais dinheiro. e isso é tudo o que almejamos.

mas a busca incessante da felicidade não nos faz

felizes. Pelo contrário, estamos em crise, na ciência, na educação, na cultura, e em cada atividade,

precisamente porque

não estão construindo os seres humanos.

Esperemos que a crise em que estamos seja o início do

fim do nosso erro, e também o fim de nossa atitude errada com os outros.

25

Um Novo Método

Ensinando O Que a Alma Exige

Se dermos às crianças tudo o que as suas almas desejam receber hoje, é quase certo que os transtornos de

hiperatividade desapareceriam.

Temos de parar de "recheá-los" com os objetos de estudo herdados das gerações anteriores que as crianças não precisam mais para suas vidas.

Ao invés disso, devemos começar a satisfazer as suas necessidades para desenvolver suas almas.

26

Crianças do Amanhã

Uma Geração Completamente Nova

Procura uma realização completamente nova.

Esta é uma geração que exige uma realização diferente.

Nós chamamos esse comportamento de "Transtorno da Hiperatividade",
mas não é "hiper", apenas "ativo".

é como ativo

como as necessidades interiores exigem.
27

Um Novo Método

Em harmonia Com Suas Explosões

Devemos reestruturar os sistemas de ensino em todos os níveis e para
todas as idades para que as crianças se sentirem bem, evoluir
livremente e de maneira agradável, e viver em harmonia com seus egos
eruptivos.

Não devemos restringir as crianças.

Pelo contrário, devemos encontrar uma maneira de estarmos "em
harmonia" com suas explosões, seus egos,

e sua energia. 28
Crianças do Amanhã

Vivendo no Escuro

Nós não fomos educados para sermos seres humanos.

Não nos disseram como fomos construídos:

Nossos desejos, Nossas qualidades, O que nos governa,

Onde temos a liberdade de escolha, onde nós não temos.

Não nos ensinaram a lei do coletivo e

e lei para os indivíduos, e como elas evoluem.

Nós não sabemos nada sobre nós

Ou sobre nosso meio ambiente. Nossa vida se parece com: Viver no escuro.

29

Um Novo Método

Educar Corretamente Apenas uma

Geração

Se educarmos apenas uma geração corretamente,

se dermos as crianças de hoje o que elas precisam,

mesmo em pequena medida,

elas irão passar o que aprenderam para a próxima geração.

e assim, as próximas gerações Não estarão mais em declínio, mas em ascensão.

Caso contrário,

a próxima geração

Vai afundar em desespero e drogas. É uma pena para os nossos filhos.
30

Crianças do Amanhã

Simplesmente Feliz

Se educarmos as crianças da maneira certa,

daqui a dez anos

Veremos uma geração muito diferente.

As crianças saberão

o tipo de mundo em que vivem e irão entender

as conseqüências

De cada uma das suas ações.

Como resultado,

Eles vão construir a sua Ações

Pensamentos, Intenções,

E as relações

De modo bom e adequado E eles simplesmente irão Felizes.

Parte Dois.

Princípios

da Educação

33

O Meio Ambiente Constrói a Pessoa...

Capítulo Um

O Meio Ambiente

Constrói a pessoa Crianças do Amanhã

O meio ambiente das crianças de hoje determina o quê elas serão amanhã.

É por isso que devemos dar-lhes exemplos positivos, fazer filmes, escrever histórias, e assim por diante.

Este é o modo como as crianças irão gradualmente absorver o exemplos que queremos transmitir a elas, e os exemplos,

por sua vez, irão formar suas personalidades.

CAPÍTULO 34

Crianças do Amanhã

Estabelecendo uma Sociedade

A educação certa significa Estabelecer em torno de uma pessoa

Uma sociedade que promova constantemente

As conexões certas Com o ambiente.
35

O Meio Ambiente Constrói a Pessoa...

Somos Educados por Nosso Ambiente

A coisa mais importante não são os professores ou os

livros: somos educados por nosso meio ambiente.

portanto, a principal coisa a construir nas escolas é um bom ambiente social

para crianças, onde cada criança se sinta comprometida em ser uma amiga e apoiar as outras crianças de forma positiva e útil.

então, as nossas qualidades naturais

como inveja, desejos, busca de reconhecimento,

e competitividade só irão promover as crianças, porque elas irão desenvolver a sensibilidade para com a sociedade e, através dela irão se desenvolver na direção certa.

36

Crianças do Amanhã

Somente o Ambiente

As crianças devem ser educadas por seu ambiente.

Nós não precisamos mesmo incentivá- las a participarem em

discussões, dizer-lhes o que devem fazer, ou comentar sobre seus comportamentos.

todos nós precisamos ajudá-las a crescer e mudar para o caminho certo através de seu ambiente. O ambiente é o

elemento primordial em nosso desenvolvimento.

O Meio Ambiente Constrói a Pessoa...

Não violência em Nossas Escolas

N ós devemos oferecer às crianças a base apropriada

para estabelecer a conexão correta com a sociedade, para mostrar a elas como elas estão conectadas a sociedade, e o quanto elas são dependentes, e como eles podem influenciá-la.

todos os casos de explosões, de extrema violência e terrorismo decorrem do fato de que ninguém ensinou a essas crianças como estabelecer contato adequado com

a sociedade.

Muitas vezes fazemos coisas que são bastante cruéis, porque nós não sentimos que a sociedade responde a nós. O mesmo acontece com as pessoas anti- sociais e elas só querem encontrar o seu lugar na sociedade.

portanto, desde o início, temos que construir para

crianças o sistema certo de conexões com a sociedade, com o ambiente. Devemos construir para elas um ambiente social

composto por crianças que são semelhantes a elas, e trabalhar com elas

em conjunto para que se entendam e

se desenvolvam em harmonia entre elas.

Se fizermos isso, seremos capazes de evitar a todos os fenômenos negativos que existem na sociedade de hoje.

38

Crianças do Amanhã

Meio Ambiente, a Solução para a Hiperatividade

Achamos difícil entender que a onipresente hiperatividade nas crianças não é uma doença, mas um sintoma, um resultado da

ausência de um ambiente adequado.

Nós não estamos dando aos nossos filhos o ambiente adequado para o desenvolvimento, é por isso reagem de forma. Ao invés de atender às necessidades das nossas crianças, nós suprimimos suas necessidades naturais

e chamamos isso de "hiperatividade".

Para resolver a maioria dos problemas em nossa geração,

só precisamos reestruturar as escolas, o ambiente em

que nossos filhos crescem.

CAPÍTULO 39

O Meio Ambiente Constrói a Pessoa...

A dependência de sociedade

Desde muito cedo, devemos passar aos nossos filhos nossa

total dependência da sociedade, para o bem ou para o mal.

Por um lado, devemos mostrar a eles através de jogos,

exemplos, e outras formas que a sociedade pode ser muito prejudicial.

Temos de mostrar como ela alcança e

confunde as pessoas, e como ela pode realmente "hipnotizá-los" a tal ponto que se seguindo-a, podem encontrar-se atrás das grades no dia seguinte.

No entanto, se participarem de uma boa sociedade, o seu poder de persuasão os afetará de forma positiva.

Estes são os exemplos que devemos mostrar às crianças de todas as idades de maneiras diferentes, de modo que elas entendam que ao escolher o seu ambiente, os amigos e os meios de comunicação a que estão expostos elas estarão se educando e essencialmente determinando

seu próprio destino.

Daqui podemos concluir que nós, como pais, devemos

querer que a mídia mostre isso. CAPÍTULO 40

Crianças do Amanhã

Condições para Criar Um Ser Humano

Educação significa dar os meios para construir a si mesmo.

Se você quer construir crianças por si mesmo, você não está construindo, você está forçando e coagindo.

Não devemos dizer-lhes: "Faça assim e

não faça assado"

. As ordens são para domesticar animais, não para a criação de seres humanos

Com um ser humano, você deve explicar, ou seja, estabelecer as

condições-um ambiente que tenha livros, amigos e educadores

que traga a criança ao ponto de livre escolha na vida.

Isso deve começar em uma idade muito precoce, antes que as crianças estejam conscientes do que está acontecendo com elas. Mesmo assim, devemos construir em torno deles situações

através das quais irão aprender, e através das quais eles se educam.

Só no caso de uma criança ser constantemente impressionada pelo ambiente e receber dele a importância do próximo passo de seu crescimento ela será motivada a avançar em direção a ele e crescer.

Equilíbrio com a Natureza

Capítulo Dois

Equilíbrio com a Natureza

Parte do Todo
Nós "Devemos
Aprender com a Natureza porque
Nós

Somos uma parte Dela.
42

Crianças do Amanhã

Sabedoria da Vida

Todas as partes da natureza, inanimado, vegetal e animal, coexistem em perfeita harmonia, em equilíbrio.

somente o homem está fora de equilíbrio,

porque seu ego está sempre em erupção, Forçando-o a ser,

o lado negativo da natureza.

se aprendermos a equilibrar-nos, Como refrear o mal,

e como nos relacionarmos com a natureza

no caminho certo e integral, Fora da autoconsciência, Vamos ter uma boa vida. esta é a sabedoria da vida

que devemos ensinar nossos filhos. 43

Equilíbrio com a Natureza... ...

Siga o exemplo da Natureza

A única educação certa

É seguir o exemplo da Natureza Sem acreditar

Ou imaginar,

Assim como a sabedoria da Cabalá nos mostra.

CAPÍTULO 44

Crianças do Amanhã

Nossa vida tem um Propósito

Q uanto mais descobrimos sobre a natureza, sobre as leis e e as conexões dentro dela, mais vemos que tudo é

predeterminado em uma conexão, recíproca e global em ambos os tanto no nível individual como no coletivo, assim como todos os elementos em nossos corpos são mutuamente conectados.

portanto, devemos entender que a nossa vida, também, tenha um início, certa finalidade que deve finalmente conseguida, e um fim.

45

A Direção Certa Temos que adaptar Nossa interioridade a toda a natureza.

Precisamos ensinar nossos filhos como unir-se

e como amar uns aos outros. Sem isto

Nós não vamos sobreviver.

se passarmos para as crianças a perspectiva correta da vida, elas serão promovidas e capacitadas para avançar por conta própria.

O importante é mostrar-lhes a direção correta.

46

Crianças do Amanhã

"Fazendo Acontecer" no Século 21

Aquele que "faz acontecer" será aquele que sabe como tratar os outros e o mundo favoravelmente.

Este tipo de pessoa terá sucesso

porque ele ou ela estará atuando de forma semelhante à natureza, em equilíbrio com ela.

Onde quer que você coloque essas pessoas,

Você vai encontrá-las não apenas sobrevivendo,

mas prósperas, Enquanto as outras,

os chamados "figurões" com todo o dinheiro e economias de repente perdem tudo.

47

Equilíbrio com a Natureza... ...

Um Ser Humano é Aquele Que Quer Unir-se

à lei geral da natureza

que atua sobre a sociedade humana

E determina que as pessoas devam estar conectadas.

A sabedoria da Cabalá.

explica como construir um ser humano Que quer manter
a lei da natureza dentro da sociedade.

48

Crianças do Amanhã

A Escala do Criador
Educação significa ensinar uma criança o que é mais

importante na vida e o que é menos, o que é bom e

o que é ruim, o que vale a pena e que não é.

No entanto, qual é a escala de medida para a educação?

"A" é melhor do que "B", não porque é melhor para mim ou para você ou qualquer outra pessoa, mas porque é mais próxima do padrão do Criador,

amor e doação. Esta é a essência da educação.

49

Equilíbrio com a Natureza... ...

O mais natural é Falar Sobre Isso

Apesar de parecer que amar e doar
não estão em nossa natureza, elas existem dentro de nós.
Ao falar às crianças sobre o assunto,

não estamos falando com elas sobre coisas fictícias

que a humanidade inventou neste mundo, mas sobre as bases
nas quais a natureza se edifica. 50
Crianças do Amanhã

Similaridade com o Criador
Adam [ser humano] vem da palavra
Domeh [semelhante] ao criador, semelhante à força superior,
à força da natureza,

à qualidade do amor e doação.
a transformação que se experimenta ao longo do caminho em direção a ela

é chamada "Educação". 51

Equilíbrio com a Natureza... ...

Livre Desenvolvimento

Todo o propósito

da sabedoria da Cabala

é para nos fazer compreender que através de sua própria força, por decisão individual,

e de sua livre escolha,

Uma pessoa pode se tornar semelhante à lei geral da natureza, chamada de "o

criador".

em contrapartida, não há nada mais oposto à evolução

que tentar transformar os seres humanos em máquinas

que apenas seguem as ordens que queremos que eles sigam. 52

Crianças do Amanhã

O Currículo Certo

N ós não teremos êxito se fizermos programas de estudo

como fruto da nossa imaginação.

Se nossos programas de estudo não andam de mãos dadas com a natureza humana, com a evolução do mundo, e com todos os os sistemas em que vivemos, estão fadados ao fracasso.

Portanto, a única solução é ler textos Cabalísticos

que nos apresentam todo o sistema dos mundos

e que explicam até onde a humanidade deve chegar, onde a história, a natureza, a evolução da sociedade e a nossa evolução interna estão nos conduzindo.

Em outras palavras, primeiro temos que saber que forma a próxima geração deve ter. Só então poderemos começar a contemplar a maneira correta de preparar as crianças para as condições que existirão em sua geração.

Essas condições devem ser tão claras para nós para que possamos planejar as etapas pelas quais vamos conduzi nossos filhos para este futuro, de forma perfeita.

53

Equilíbrio com a Natureza

Ouça a Natureza

D evemos estar mais atentos a natureza e tomar exemplos

dela, porque a natureza contém tudo.

da mesma forma que nos aproximamos das pessoas, na construção da sociedade, nos mesmos moldes de uma família, na correta estruturação

do meio ambiente para cada um de nós, na educação na

pré-escola ou universidade devemos procurar respostas na natureza.

A sabedoria da Cabala, que se baseia exclusivamente no estudo da natureza, diz que, se tomarmos o nosso conhecimento daí, nós gradualmente alcançaremos a harmonia com a natureza. esta é a única forma de assegurar o nosso bem-estar.

54

Crianças do Amanhã

Caminhando Com As Forças da Natureza

Quanto mais as crianças se voltarem para o criador,

mais pensarão na direção que o Criador pensa,

mais elas serão bem sucedidas. Por que isso acontece?
porque elas fluirão junto com as forças da natureza.

55

Equilíbrio com a Natureza

Duas coisas que cada criança deve saber

Há a força inclusiva na natureza, uma força superior que faz tudo, e nós estamos sob seu governo.

se quisermos ser felizes temos de fazer os outros felizes, assim como essa força superior.

As crianças aceitam isso naturalmente, e de repente começamos a ver que o mundo realmente é organizado desta forma.

Os adultos, porém, não conseguem entender porque eles já são muito complicados.

56

Crianças do Amanhã

Hoje Você Morde; Amanhã Você Será Mordido

Devemos explicar às crianças que todos nós queremos Apenas receber.
é a nossa natureza.

mas porque o nosso desejo constantemente puxa para si, causa dano aos outros

e, no final,

esta atitude vem de volta para nós. hoje, você está mordendo.
mas da próxima vez, Você será mordido.
não existe uma melhor maneira de se comportar?

57

Equilíbrio com a Natureza

Dentro da Natureza

No final

É apenas uma questão de Ensinar as crianças

Que elas estão dentro da Natureza. Este é o conceito de educação.

58

Crianças do Amanhã

Os adultos Mudam Pelos Pequeninos

No minuto em começamos a tratar as crianças corretamente, e desejarmos que elas cresçam em equilíbrio com a natureza, nós

estaremos afetando favoravelmente o sistema da natureza, simplesmente através dos nossos

pensamentos e desejos.

como resultado, a força inclusiva da natureza irá afetar

os pais e filhos, e todo o sistema.

assim, um sistema educacional que é ostensivamente orientado para as crianças irá realmente mudar e reequilibrar os

adultos, também.

Como? Quando os adultos sabem, devido às suas responsabilidades e amor por seus filhos, que eles devem dar um bom exemplo, eles serão obrigados a comportar-se corretamente para o bem de seus filhos. Estes, por sua vez, irão mudar os adultos também.

59

Exemplo:

Capítulo Três

Exemplo
A criança aprende através de exemplos

Você pode falar mil vezes,
mas a pesquisa mostra

que as crianças não ouvem. eles entendem imagens.
eles entendem exemplos de vida. eles olham para o que você faz,

e aprendem com isso. 60
Crianças do Amanhã

Linguagem Corporal
As crianças não entendem as palavras. Elas entendem a linguagem do corpo. Devemos examinar o que fazemos: Quais os movimentos,

que ritmo, Com o olhar,

e com qual atitude. tudo isso é que conta.

as crianças nos imitam, Como peixinhos
Seguem os peixes maiores, Precisamente de um para o outro 61
Exemplo:

Apenas exemplos positivos

S e você der um exemplo a uma criança, ela se

lembrará para o resto da vida, sabendo que esta é a maneira de se comportar.

"Eu quero ser o terminador", "Eu gostaria de ser um mafioso!"

Se estes forem os exemplos que eles vêem, não é de admirar que será o que eles querem. portanto, a abordagem correta é sempre a dar exemplos positivos de modo que elas desejem ser

assim

Até pouco tempo atrás, estávamos preocupados em mostrar as crianças bons exemplos através de filmes e histórias. mas a recente explosão do ego criou um tipo de deformidade que

a mídia se tornou a ferramenta de educação. E no que se refere à mídia, apenas os índices de audiência contam

62

Crianças do Amanhã

Um Exemplo de Vida

Devemos dar às crianças exemplos positivos

em todas as áreas da vida,

e o resto pode ser deixado por si só. Se o exemplo é genuíno,

e a criança é impressionada por ele regularmente,

permanecerá para sempre com ela. 63

Exemplo:

Aprendizagem Formativa

D evemos expor as crianças a diferentes formas de comportamento utilizando filmes e peças teatrais. No entanto, elas também podem decidir são bons ou ruins.

Naturalmente, o processo deve ser acompanhado por uma

explicação, análise e controle conjunto dos assuntos pelas crianças, pais ou educadores. isso é chamado de "formação da aprendizagem", que é como uma pessoa fica impressionada e

aprende. 65

Jogos

Capítulo Quatro Jogos

Jogos Constroem uma Pessoa

um jogo é uma coisa séria. através dele, uma pessoa cresce. um jogo constrói a pessoa.

66

Crianças do Amanhã

Uma Maneira de Conhecer o Mundo

u m jogo não deve ser algo projetado para ocupar

tempo livre das crianças para que elas nos deixem em paz e joguem sozinhas.

As crianças querem aprender através dos jogos

elas têm uma ânsia de saber desmontar, quebrar,
fazer.

as crianças olham para cada momento na vida

como uma oportunidade para conhecer o mundo.

referindo-se a jogos como "jogos" é o nosso erro. As crianças não querem apenas jogar, elas querem entender o que

puderem sobre o que está por trás de tudo, e como tudo é

conectado 67
Jogos

Não Apenas Passando o Tempo

Um jogo apenas para passar o tempo É algo que nos satisfaz

como adultos Confusos que somos, Já que queremos passar o tempo.
As crianças não têm desejo

de simplesmente passar o tempo. Para elas,
O jogo é a maneira de conhecer o mundo.

68

Crianças do Amanhã

O Jogo da Vida

N ossa vida inteira é um jogo, porque através dos jogos que nos desenvolvemos.

Qualquer crescimento na natureza é realizado através da brincadeira. Até mesmo o

crescimento das células é um jogo porque aspiram a um futuro estado que ainda não existe.

O desenvolvimento espiritual, também, é um jogo.

e como para as crianças, os jogos

"infantis" de cada criança determinam o tipo de pessoa que cada uma delas será.

69

Jogos

Explicações Somente Através dos Jogos

Com as crianças nunca devemos insistir em algo que é

contra a sua vontade.

em vez disso, devemos explicar-lhes o que é bom para elas, o que é aceitável para elas, até que, como Maimônides diz, "elas ganham de muita sabedoria. "

Elas vão ganhar sabedoria através das explicações que vamos dar-lhes, mas as explicações devem vir apenas por meio de jogos. Caso o façamos corretamente, elas de repente compreendem que não é do seu interesse de permanecerem em seu estado atual.

70

Crianças do Amanhã

Jogos da Nova Geração

Gostaria recomendar a criação de jogos para as crianças através dos quais elas possam ver que não se pode ter êxito sem as outras crianças e que sem elas não conseguiriam

nada. Isto vai ensinar-lhes que: Sozinho significa fraco, Sozinho significa pequeno, sozinho significa que não pode.

Seria como um jogo de equipe: não há grande concorrência, mas é no entanto um jogo onde todo mundo depende de todo mundo.

Gradualmente, as crianças vão aprender apenas com esses exemplos como necessitam da sociedade, e quanto elas podem se beneficiar de uma boa sociedade se retribuírem a sua bondade para com elas.

71

Jogos

Jogos Como Um Meio para Progredir

O jogo precisa ser um exemplo, assim a criança vai ver que ela está subindo na classificação.

Em outras palavras, o que a criança apreciava no passado

torna-se irrelevante no próximo estado porque alguma coisa de maior qualidade se torna o objetivo.

72

Crianças do Amanhã

A Sabedoria de Vida no Mundo dos Jogos

Para trazer as crianças à compreensão da essência das coisas, Precisamos ir para o nível

dessas coisas que interessam as crianças.

Como?

Pela da revelação da sabedoria da vida através de seus próprios jogos.

7

Jogos

Sofisticação no Desenvolvimento de Jogos

Para se unirem, cada parte deve fazer algumas concessões. assim o momento crítico de um jogo deve ser quando a criança

Sente:

"Eu tenho que fazer uma concessão, mas eu realmente não quero.
mas então

se eu ceder um pouco,

Eu vou conseguir com os outros! "

O sucesso deve ser especificamente com todos, e não individualmente ou só.

a chave para o desenvolvimento de jogos está justamente neste ponto.

74

Crianças do Amanhã

Crescer Por Meio do Esforço

Não faz diferença alguma

se as crianças são bem sucedidas

nas as tarefas que lhes damos.

O que importa é o seu esforço

porque é através de seus esforços elas crescem.

Ensinar A Criança "do Jeito Dela"...

Capítulo Cinco

Ensinar A Criança "do Jeito Dela"...

Do jeito Da Criança, Precisamente para a Meta

"D o jeito dela" não significa deixar a

criança ir para onde ela quiser, mas levá-la para o objetivo certo à maneira dela, ou seja, de acordo com seu nível, sua capacidade de perceber, e seu caráter

Mesmo assim estrada conduz precisamente para o objetivo.

Crianças do Amanhã

Sendo Como o Criador

A regra: "ensinar a criança do jeito dela" significa que temos de manter as qualidades da criança, limitando-nos a oferecer um método que irá ajudá-la a utilizar bem a sua singularidade De um

estado de exploração de todo o mundo, a criança

deve chegar a um estado de "auto- exploração", ao ser semelhante ao criador amoroso e doando aos outros, mantendo a sua singularidade.

Ao fazer isso, conduzimos as crianças para serem como o criador, mas por seus próprios caminhos. Nós lhes fornecemos as ferramentas e elas fazem o resto por si mesmas.

Nada criado é ruim, é tudo uma questão de abordagem.

77

Ensinar a Criança "do Jeito Dela"...

Carga Interior

Não se deve dizer a uma criança:

"Não exatamente desta maneira" ou "Faça isso exatamente assim."

Isso é coerção. porque no final,
ninguém sabe qual a "carga" interior a criança herdou,
Ou seja, o que ela deve realizar. 78

Crianças do Amanhã

Cada Um é Especial

E stá escrito, "não há coerção na espiritualidade."

Isto significa que cada um de nós mantém sua singularidade no tecido humano, pois sem ela não seriamos capazes de

complementar os outros na criação da imagem completa.

Cada pessoa no mundo é indispensável, e nenhum de nós

pode atingir a perfeição sem todas as

outras.

Temos de tratar as diferenças entre nós com cuidado e

respeito, porque as nossas características nos foram dadas pelo criador.

tudo o que precisamos corrigir é como usá-las, sem corrompê-las e sem nos oprimirmos.

Este é o tipo de educação que o mundo precisa hoje.

79

Ensinar a Criança "do Jeito Dela"...

Sem Pressão

Não pressione as crianças;

Dê-lhes tarefas que elas podem lidar.

Saiba que muitos homens sábios

mal entendiam o que era exigido deles na escola,

e só quando terminavam a escola De repente se desenvolviam
e tornavam-se grandes em seus campos. 80

Crianças do Amanhã

Não diga a elas o que, diga-lhes como

A forma correta de educar não é dizer a uma criança o que fazer. Se uma criança pede, apenas explique como deve ser feito.

e o que você faz antes dela perguntar? use uma variedade de táticas para estimulá-la a querer fazer o que é certo para ela. O desejo deve vir da criança. pode soar

complicado, mas é a maneira correta de educar.

A sabedoria da Cabala se opõe a

qualquer tipo de pressão. ela explica que tudo avança e persiste somente pela vontade do homem O que devemos fazer é somente evocar o desejo certo.

81

Ensinar a Criança "do Jeito Dela"...

Ensinar Sobre Doar da Maneira Certa

A sabedoria da Cabala não explica doar é bom

já que isso contraria o desejo da criança.

Você não pode dizer a uma criança algo que contradiz o

espírito e a forma natural da criança. Em vez disso, traga um jogo para a criança em que ela tenha que descobrir que é melhor tratar

os outros favoravelmente, que vale a pena,

ou seja, que é gratificante porque a sociedade incentiva

e respeita a criança por fazer isso.

A atitude positiva em relação a doar deve ser consistente. É

errado mostrar a uma criança que agora vamos tratá-la bem após os atos de doar, mas amanhã essa resposta pode mudar.

As crianças devem aprender que essa é a verdade da vida, que é a maneira da
natureza, e através do estudo, a mudança irá ocorrer dentro delas.

82

Crianças do Amanhã

Como a Natureza Fez Você Alguém quer ser um músico, outro, um engenheiro,
e um terceiro sonha em ser um eletricista.

é bom que seja assim.

como educador,

Devo construí-los como seres humanos de acordo com suas habilidades,

de acordo com suas qualidades,

Quais são as qualidades pré-instaladas pela natureza.

Dito de outro modo,

em vez de ir contra o Criador

Que criou todas essas tendências nas crianças,

todas essas predileções,

Devo ajudar a construí-las

o mais próximo de sua natureza sua
natureza. 83
Ensinar a Criança "do Jeito Dela"...

Na direção do Amor

"De acordo com a forma da criança"

significa apenas dar uma direção à criança.

M as sem mostrar, eu tenho que ajudar a criança a perceber esta direção através das características com as quais ela

nasceu, ajudá-las a expressarem-se através de tudo que receberam da

Natureza

O importante é que a natureza de cada um, a soma de suas qualidades deve ser direcionada para o amor e a doação aos outros.

Toda criança nasce com uma combinação de qualidades especiais e tendências. Deixe isso para elas, mas mostre-lhes como

podem usar essas qualidades corretamente.

84

Crianças do Amanhã

Varias Explicações

D evemos oferecer explicações variadas quanto forem possíveis e esforçar-nos para dar exemplos o máximo que pudermos

e de maneiras diferentes.

às vezes é muito difícil entender o professor na

escola. mas em casa, com pai ou mãe explicando as coisas

de uma forma mais adequada, mais próxima da criança, as coisas tornam-se

mais claras.

é assim que devemos explicar as coisas para as crianças: usando exemplos através dos quais eles podem se conectar com o assunto matéria e assim aprender mais sobre si mesmos.

85

Ensinar a Criança "do Jeito Dela"...

Divisão em Grupos

M esmo no ensino fundamental na escola, podemos dizer que as crianças têm a sua própria direção. Elas s classificam por si mesmas, mas devemos ajudá-las.

No primeiro ano letivo das crianças, um professor pode detectar como cada aluno percebe o mundo, como se relaciona com a sociedade, percebe que cada um tem gostos diferentes

e como eles são construídos internamente.

Devemos nos relacionar com as crianças de acordo com isso, dividindo-as em grupos de acordo com a natureza
singular de cada uma:

os mais emocionais os que são mais intelectuais, e

aqueles que se inclinam para a natureza, para a tecnologia, ou para o artesanato.

Então podemos explicar tudo a eles, mesmo

as coisas mais simples, de acordo com a tendência especial do grupo.

86

Crianças do Amanhã

Um papel na sociedade

D evemos proporcionar a cada criança um papel na sociedade. Este papel deve compelir as crianças a participarem, para expressarem-se e realizarem as tarefas do grupo. As crianças devem

sentir que estão no lugar certo.

Até as crianças mais agressivas merecem que encontremos

algo construtivo que possam fazer na sociedade. Como regra, devemos encontrar ocupações para as crianças que irão complementar cada uma delas dentro da sociedade.

87

Ensinar a Criança "do Jeito Dela"...

Observando-se do exterior

D evemos ajudar as crianças a separarem-se de sua

natureza.

Devemos dizer a elas: "Veja, de acordo com sua natureza, você pode ser rude, teimoso, arrogante ou autoritário. mas tudo isso não é você, é o que está em você.

"Talvez você possa sair dessa" coisa "dentro de você.

"Vamos tentar mudá-la juntos, e então você descobrirá que você está mudando seu comportamento para com todos. Isto será melhor para você, e você vai ganhar muito com isso".

Ensinar as crianças a distinguir entre si

E a inclinação nelas

É uma grande salvação para elas.

Na verdade, esta é a base da educação.

Parte 3.

Em Casa
91

Entre Pais e Filhos...

Capítulo Um

Entre Pais e Filhos...

Sendo Amigo
u ma criança deve sentir que os pais são amigos e irmãos ou irmãs mais velhos bem como pais.

Devemos construir relacionamentos com as crianças, onde há confiança, onde a criança recebe bem os pais e os quer em sua vida. 92

Crianças do Amanhã

Casa

N ós não entendemos como as crianças são sensíveis ao

ambiente.

A mãe deve explicar por que ela está indo para o trabalho, por que ela está voltando, quais são seus deveres em casa, porque as relações com os

parentes são do jeito que são, e porque é seu dever fazer isso ou aquilo, com qualquer uma das dificuldades envolvidas.

Da mesma forma, um pai deve explicar sobre a sua vida.

Os pais também devem dizer aos filhos como são felizes por te-los.

como se preocupam com eles e e quanto gostam deles.

Se os pais transmitem todas essas coisas aos seus filhos, na medida certa, é claro que não na magnitude e

força que os pais experimentam, as crianças serão integradas neste sentimento, e o ambiente assim criado será

chamado "lar". 93

Entre Pais e Filhos...

Evitando Criticar as Crianças

V erdade seja dita, exigimos dos nossos filhos o que nós mesmos não conseguimos alcançar.

Porque somos incompletos, estamos tentando nos completar

através de nossas crianças.

É por isso que às vezes colocamos tanta pressão sobre eles.

A solução é tentar conseguir a plenitude por nós mesmos

ao invés de exigir isso de nossos filhos. Esta é precisamente a razão pela qual a sabedoria da Cabala nos foi dada.

se conseguirmos a plenitude, ou pelo menos entender o que significa e nos esforçarmos para alcançá-la, vamos parar de pressionar desnecessariamente as crianças e assim lhes permitiremos que cresçam e se desenvolvam como for melhor para elas.

94

Crianças do Amanhã

Ordem na Casa

Pergunta: como fazer uma criança se acostumar a manter a ordem em casa?

Resposta: Se você habituar as crianças a serem organizadas desde muito cedo, se isso não se tornar parte de sua

natureza, será sempre um esforço até que elas joguem estas limitações para o alto e fujam.

Quanto mais cedo nós adicionamos a disciplina do amor, mais fácil será para a criança.

Se examinarmos a nós mesmos, veremos que nós, também, somos regidos pela

dor e pelo prazer. Devemos explicar às crianças que estamos em um mundo que sempre funciona desta maneira, e nos trata desta forma, também, e devemos responder a isso em conformidade.

95

Entre Pais e Filhos...

A atitude correta para com os Avós

O s pais devem mostrar aos filhos o respeito que eles têm para com seus próprios pais, os avós da criança.

mostrando-lhe como eles tratam os seus pais, a avó

e o avô, eles estão educando a criança para tratar

a mãe e o pai da mesma maneira. 96
Crianças do Amanhã

Educando a Si Mesmo
Nós devemos entender

Isso para o bem dos nossos filhos Devemos nos
Educar Também. 97
Entre Irmãos... ...

Capítulo Dois

Entre Irmãos... Entendendo-se

Pergunta: O que fazer se os irmãos não se dão bem?

Resposta: encontrar um terreno em comum entre eles e constantemente cultivar apenas isso.

Encontre onde podem se apoiar e se ajudar mutuamente. Este é o caminho certo.

98

Crianças do Amanhã

Irmãos na Família

D evemos explicar a cada um dos irmãos na família que

se eles nasceram para os mesmos pais e estão crescendo

ao lado uns dos outros, então de acordo com a alma, eles são provavelmente, estão se complementando um ao outro e devem estar juntos.

e eles precisam entender que existe um plano maior aqui,

que os fez irmãos. O laço familiar é precisamente o que

lhes permite complementarem a criação e se relacionarem entre si de uma maneira especial, construindo um vínculo entre si.

Essas obrigações não nos permitem dizer: "eu não quero que você exista, eu finjo que você não existe, deixe-me sozinho "

cada pessoa que complementa o outro e, em uma família

todo membro conta. Além disso, cada novo membro tem um lugar, independentemente de tendências ou comportamentos, uma pessoa pode ser irresponsável, o

outro indiferente, a terceira pode gostar de sonhar, e o

quarta pode ser racionalista. 99
Entre Irmãos... ...

Competição Pela Atenção da Mãe

Pergunta: como se lidar com a inveja e competição

sobre estar mais perto da mãe?

Resposta: não depende das crianças em absoluto.

Somente da mãe. Só ela pode posicionar-se diante deles, de maneira
que eles estarão convencidos de que são totalmente iguais frente ao tratamento igual que ela dá.

Aprendemos isso através da forma como a Força Superior nos trata: Não
podemos atingir o criador a menos que estejamos conectados através do vínculo

de amor aos outros, pois o criador aparece justamente na

conexão com os outros. Assim é como uma mãe deve apresentar-se a seus filhos: eles vão receber amor, sob a condição

que eles venham a ela com disputas em conjunto e quando

a abordam separadamente, cada um deles vai receber uma resposta um pouco mais fria dela

Desta forma, ela os acostuma a cooperar da maneira certa, ou seja, que uma resposta afetiva só pode ser obtida em conjunto.

juntos. 100
Crianças do Amanhã

esse tipo de atitude constrói dentro das

crianças, os sistemas que preparam a pessoa a terá inclinação natural no que se refere à conexão com os outros.

Essas pessoas já não vêem a própria meta, mas perguntam desde o início, "Com quem eu posso conseguir isso?"

101

Pais

Capítulo Três

Pais
Demonstrando Uma Relação Calma

De zero aos quinze anos (pelo menos), os pais devem apresentar uma relação calma na frente das crianças.

"Calma" não significa mudar drasticamente, nem mesmo para melhor.

Os pais devem mostrar aos filhos que eles estão vivendo uma vida de cooperação e compreensão mútua, que a relação

entre eles é harmoniosa e calma, sem qualquer sem

mudanças abruptas ou significativas.

Eles também não devem demonstrar afeto demais. tudo

deve ser muito sólido e equilibrado. 102
Crianças do Amanhã

Cada movimento é um exemplo

O s exemplos que os pais dão aos filhos através da

relação entre eles será passadas para a vida das crianças com os seus parceiros,

e virão a existir na família que têm.

Aprendemos com exemplos e nos educamos por exemplos.

Nós imitamos tudo o que vemos durante a infância. portanto, devemos mostrar às crianças a imagem de que não há problemas.

Um pai alcoólatra, a luta por algo que envolve um dos

pais, a criança vai copiar os exemplos e procurá-los em sua vida. Similarmente, se há algo em comum

entre a

mãe e o pai, algum vínculo interno que é maior que

esta vida, e é isso que os mantém juntos, os filhos

sentirão. Eles sentem que há alguma base, sublime e mesmo assim sólida que mantém os pais juntos, acima de tudo que está acontecendo.

103

Pais

Sem Brigas na Frente dos Filhos

Brigas na frente das crianças está fora de questão.

O lar deve ser um lugar que ainda é imutável.

A confiança vem de casa.

As brigas entre os pais vão estremecer as crianças

e afetá-las de maneira muito negativa. 105

Em Família... ...

Capítulo Quatro

Em Família... ... Sessões Familiares

E m uma família, todos são iguais. Ninguém é superior e ninguém é inferior.

Uma família é um lugar onde todo mundo vive em amor mútuo, e amor só pode acontecer entre iguais.

"Igualdade" significa que cada membro da família tem oportunidade de expressar uma opinião. Em resposta, a todos ouvem e consultam-se entre si e, juntos, todos

decidem o que é certo para cada membro da família, dependendo de sua

idade e situação.

Quando as crianças participam regularmente de tais sessões, elas se acalmam, sabendo o que pensa cada pessoa. Elas vêem

que a família está trabalhando como um afinado sistema integral.

106

Crianças do Amanhã

A Família Como Uma Pequena Sociedade

Os pais devem construir uma pequena sociedade, juntamente com os seus

filhos, uma sociedade em que todo mundo faz concessões

para os outros para o bem da família. esse bem é maior

do que os benefícios pessoais de cada membro da família.

por que pretendam colocar os interesses da família acima de seus próprios, Os membros da família vão ser um exemplo para os outros membros da família.

O melhor seria que isso possa ser feito como um jogo em família. Desta forma, as crianças de repente descobrem o quanto isso contribui para o desenvolvimento delas e

as ajudam a entender uns aos outros, se sentirem satisfeitas, e apreciar como todos se sentem bem.

E o que fazer se houver uma criança que não está disposta a fazer concessões?

Você deve trabalhar com eles com amor, e assim fortalecer os demais. Por um lado, é preciso mostrar à criança

quanto perderia por causa da falta de vontade de colocar-se a si mesma em segundo plano. mas por outro lado, você pode enfatizar o quanto o que há para ganhar, se a criança se une com todos os outros.

É melhor fazer isso em casa, e para se

certificar de que todos joguem juntos, como uma família.

Em Família...

A Verdade e Nada Além da Verdade

D evemos ensinar nossos filhos a falar a verdade, seja qual for a verdade.

Mesmo quando vemos como nós somos egoístas, que também é a verdade, devemos estar felizes porque é a verdade sendo revelada.

Se nós os ensinamos que a verdade é uma coisa boa, e é verdade o que uma

pessoa sente dentro de si, se é "bonito" ou não, então a criança vai imediatamente abrir-se e parar de pensar: "Que as pessoas vão pensar de mim se eu disser isso? "E assim aprenderão naturalmente.

Crianças do Amanhã

Um corpo Único e Inteiro

Os pais devem sc mostrar ao seu filho como sendo um único corpo, não como pai e mãe separados. a criança não deve ver as diferenças entre o pai e a mãe. não é bom para as crianças

acreditarem que podem "brincar" com os sentimentos da mãe.

É verdade que estamos falando de educação infantil

e não sobre a educação dos pais, mas é preciso entender

que tudo é feito através dos pais, através da

ambiente certo. isto poderia incluir o avô,

a avó, um tio ou uma tia, qualquer um que esteja próximo

à criança.

É muito importante que as crianças não sintam nenhuma diferença
entre aqueles que as rodeiam. elas precisam entender que

todo mundo as trata exatamente igual.

naturalmente, a criança percebe o pai e a mãe de forma diferente, mas
os pais devem apresentar uma abordagem
direta, simples, sincera, adequada, e igual para cada questão.

109

Em Família...

Igualdade no que Tange à Finalidade da Criação

as crianças devem sentir

que estamos ensinando a elas como encontrar seu caminho na
natureza:
O que é proibido e o que é permitido, O que vale a pena e que não vale,

O que é perigoso e o que é seguro para atingir o objetivo final.

Neste processo, os pais e os filhos estão juntos como um só.

Somos todos uma alma, enquanto estivermos neste mundo, e

se você pertence não faz a menor diferença se você pertence a esta geração ou à geração anterior.

Essa abordagem confere à criança força e confiança, e a

sensação de que todos estão avançando juntos, igual entre iguais.

110

Crianças do Amanhã

Passando a Preciosidade
Se algo é precioso para você, Você deve passá-lo,
Ensine as crianças Sobre a sua essência. 111
Em Família... ...

Um Estado de Amor
Pergunta: como você explica a uma criança sobre o mundo espiritual?

Resposta: Muito simplesmente, dizer à criança que há algo superior que nos governa. Deste que algo superior,

forças chegam até nós e nos afetam.

Por que estas forças nos afetam? para evocar dentro

de nós o desejo de elevar-se de volta ao sublime, ao nível eterno bonito.

É assim que chegaremos a amar uns

aos outros,

Unir-nos uns com os outros,

E viver como um homem de um só coração.

esse estado é chamado de "mundo superior" ou "mundo espiritual.

Esta é a maneira correta para explicar isso para uma criança. Devemos nunca mentir para as crianças; devemos explicar um pouco, mas só a verdade

112

Crianças do Amanhã

Falar Sobre a Vida
Temos que divulgar

O sentido da vida para as crianças; Diga-lhes porque estão aqui.

Não devemos temer que as crianças não entendam do que estamos falando.

Mesmo quando nos parece que não estão entendendo

, elas estão.

É melhor dizer-lhes isso usando palavras simples, mas é altamente recomendado que nós discutamos com

elas as coisas mais elevadas da vida.

Parte 3.

A Escola

Um Sistema de Educação

Capítulo Um

Um Sistema de Educação

A Vida como Escola

"E scola" é um nome genérico para o processo de todas as nossas vidas.

Independentemente do tempo que vivemos, estamos "na escola" durante toda nossa vida.

Se olharmos para a nossa vida como uma seqüência ordenada de mudanças

cuja finalidade é levar-nos a semelhança com o Criador,

então, a escola se revela em tudo ao nosso redor.

Crianças do Amanhã

A Escola "Sabedoria da Vida"

na escola "Sabedoria da Vida"

Você aprende como ser um "ser humano":

Por que você nasceu,

O que está acontecendo no mundo, e que é a natureza,

O que está por trás da natureza visível, Por que essas forças nos afetam,

e o que devemos fazer em resposta a isso.

117

Um Sistema de Educação Você também aprende
como se deve entender o que acontece com você,

como está sendo tratado,

e como você deve tratar os outros,

como ver a vida como se fosse uma imagem transparente,

Revelando a força que trabalha nos bastidores,

e estar verdadeiramente em contato com ela,

como com um amigo muito próximo.

esta educação garante que criança vai fazer menos

erros, não vai perder a sua vida perseguindo objetivos falsos, e realmente vai ter sucesso na vida.

118

Crianças do Amanhã

O Objetivo da Escola
a Finalidade da Escola

é a construção de um ser humano global

Aquele que se comporta como um elemento corrigido

na sociedade humana.

Essa pessoa pode dar o exemplo Para a sociedade humana
através de seu comportamento

e pode conduzir a sociedade humana

Em tudo o que precisa

a fim de atingir a perfeição. 119
um sistema de educação

Separando Educação da Alfabetização

A s escolas devem fazer uma clara distinção e separação

entre educação e alfabetização. essas duas áreas devem

realmente ser dadas em edifícios separados e ensinadas por pessoas diferentes.

Naturalmente, as pessoas que ensinam disciplinas como física, matemática, biologia, arte e também deve servir de exemplo para alunos, e não apenas ser especialistas em suas áreas.

para construir uma escola adequada, os professores precisam ser pacientes, ter experiência em sua profissão, e saber como combinar o assunto específico que ensinam com a educação global da criança.

Não existe tal coisa como mera aprendizagem. o aluno sempre segue o exemplo do adulto, por isso o professor não deve

apenas apresentar o assunto, mas

também mostrar o impacto do o assunto em nossas vidas. Devemos lembrar que, embora

a educação e a alfabetização são dois reinos separados, a ênfase deve ser sempre na educação.

120

Crianças do Amanhã

A Sociedade Educa Seus Membros

D evemos estabelecer uma escola em que há um diferente

princípio: toda sociedade das crianças - educa- cada

cada uma e todas as crianças: Para serem tolerantes, Amáveis
E para doar à sociedade.

Em outras palavras, a ênfase é sobre o meio ambiente. e para as crianças, o ambiente não são educadores e professores;

nem os adulto, mas as crianças ao seu redor.

portanto, ao prepararmos uma boa sociedade infantil, ao redor de cada criança, uma sociedade que condene tratar os outros mal e valorizar tratar bem os outros, vamos construir uma geração de crianças que se comportam de maneira diferente.

121

um sistema de educação

Uma Estrutura Destrutiva

Pergunta: As escolas, como as conhecemos, dividem o dia em aulas, intervalos, lição de casa, perguntas, respostas, e assim por diante.

é assim que deve ser?

Resposta: Este tipo de ensino começou na época da

revolução industrial, quando os trabalhadores eram obrigados a realizar tarefas em linhas de montagem. O propósito da educação, em seguida, foi qualificar as pessoas analfabetas a

torná-las trabalhadores das fábricas. Por esta razão, a estrutura e o currículo foram criados para

corresponder às necessidades da indústria.

mas as crianças de hoje odeiam isso porque ela vai contra a natureza humana. Este sistema não se desenvolve as pessoas, destrói.

122

Crianças do Amanhã

Sem Sinal Tocando

Pergunta: Em uma escola comum, a aula começa e termina com o toque de um sinal. Como deve ser a Escola

"Sabedoria da vida?

Resposta: Não deve haver qualquer sinal na escola.

Quando as crianças e os educadores decidam em conjunto que o tema se esgotou, a aula acaba e o intervalo

começa. então, durante o recreio, os alunos podem continuar a discutir as questões que surgiram durante a

atividade na sala de aula.

Depois, uma nova lição vai começar sobre um novo tópico.

a lição pode levar quinze minutos ou uma hora e

quinze, dependendo se crianças e os

educadores sentem que têm de ir mais longe ou não. Desta forma, as pessoas se habituam a serem capazes de se expressarem e trabalharem ao máximo com as questões em que estão interessados , sem parar

no meio.

123

um sistema de educação

Inversamente, quando há um prazo que obrigatório uma pessoa tende a afastar a responsabilidade e simplesmente espera que a lição termine.

Quando não há prazo definido, a criança sente que o

problema não desapareceu no final da aula, mas que ele

ou ela ainda tem que resolver isso, porque sempre existimos dentro da natureza perfeita.

Esta sensação faz com que a pessoa trate a própria vida diferente.

Constrói dentro de nós uma abordagem da vida completamente diferente - que diz: "Estou na natureza e na minha sociedade, e tenho que resolver meus problemas de conexão com todos os outros. "

124

Crianças do Amanhã

Cada Criança Pode

Na aula as crianças não devem sentar-se em filas, mas em um círculo.

lá, todo mundo é igual.

este princípio deve ser percebido externamente, também. não não deveria existir um professor discursando numa sala de aula para as crianças, mas

um guia que está conduzindo uma discussão em que cada um dos os alunos pode expressar suas idéias e pensamentos.

não pode acontecer que algumas das crianças em sala de aula sejam ativas e as restantes estejam lá apenas ou que estejam somente ouvindo.

O guia deve permitir a cada criança expressar-se como um

individuo, e todos devem participar ativamente.

Por exemplo, o guia pode ler uma história. então, cada uma das as crianças deve comentar sobre isso: pensamentos, sentimentos, opiniões. ele também seria bom que cada criança escrevesse algumas sentenças sobre a estória Devemos desenvolver as habilidades especiais que existem em cada criança, sem exceção.

125

um sistema de educação

Aprendendo Juntos

Q uando o guia faz uma pergunta, as crianças devem ajudar o outro chegar a uma solução comum. Em outras

palavras, elas devem sempre ver que eles estão avançando como resultado do apoio mútuo. Essa base deve ser estabelecida antes de qualquer coisa.

Mesmo depois, quando a aprendizagem de temas específicos, o guia deve fazer com que as crianças discutam um determinado tema e ver que, através da discussão conjunta, um entendimento comum surge. se

Se alguém não entende, um amigo, explica.

é assim que a aula ser: Você coloca uma semente

no chão, como um pouco de informação nova sobre física

ou matemática. Então esta semente é cultivada pela sociedade através de discussões entre as crianças.

O meio ambiente se desenvolve a partir de cada idéia, cada pedaço de informação, cada abordagem, cada frase, e cada

decisão.

126

Crianças do Amanhã

Porque nós Aprendemos

E nquanto estudamos os temas, devemos combiná-los

com discussões sobre o sentido da vida, para eliminar

qualquer diferença entre o tema e a própria vida.

Por que aprender geografia, história, geologia, matemática, física, ou literatura?

Por que o mundo é construído como é, e por que suas leis

São assim?

em outras palavras, devemos explicar às crianças a abordagem para cada assunto dentro da realidade global.

Enquanto envolvidos em música, teatro ou esportes devemos dar às crianças a sensação de que esses temas foram feitos para permitir que as crianças possam desenvolver seus sentidos ao máximo. Assim, elas podem determinar onde elas estão, para onde estão indo, o que

devem sentir além de seus sentimentos

atuais, e como

podem crescer como resultado disso. 127
um sistema de educação

Desenvolvendo Um Ser Humano
Através de discussões

Através da história e até as gerações mais recentes, todas as crianças entre o povo judeu puderam ler e escrever,

discutir os textos nos livros, e realizar a análise e a

síntese.

O método de estudo era unicamente as discussões: uma pessoa diz isso, mas a outra pensa diferente, e porque isto é

assim?

De onde isto está vindo?

É assim que se desenvolve um ser humano, através de diálogos e através da diferença de opinião.

Inversamente, na sala de aula contemporânea, quase não há qualquer discussão. As crianças são obrigadas a receber tudo de o professor resolver a questão, memorizá-la, e mais

importante: passar no teste. 128
Crianças do Amanhã

Não Há Desenvolvimento na Opressão

uma pessoa não pode se desenvolver através da opressão.

Com a opressão, tudo encolhe, fecha.
esta é a forma da escola atual.

Devemos ensinar as crianças

como desenvolver-se na direção certa, Com total liberdade,
então a solução sempre emergirá de dentro delas.

129

um sistema de educação

Vejam como crescem as plantas,

como desviam de tudo que bloqueia seu caminho.

a natureza encontra o caminho para crescer e se desenvolver por si só.

qualquer opressão só prejudica a natureza.

Temos que ajudar as crianças

a desenvolverem-se sem quaisquer limitações

e permitir que cada uma delas tenha liberdade interna.
130

Crianças do Amanhã

Observando O Sistema Inteiro
Uma criança que cresce com a sabedoria da Cabala

desenvolve as capacidades intelectuais

e mentais que permitem que ela lide com qualquer coisa, bem como absorva grande

quantidades de informação. Para essas crianças, aprender ciências torna-se fácil.

Quando uma criança recebe uma oportunidade para observar tudo de

cima e de compreender o sistema geral, ela

imediatamente se divide e organiza tudo que está sendo ensinado-inclusive a ciência de acordo com seus padrões intrínsecos, aplicando a abordagem científica que tenha adquirido através da sabedoria da Cabalá.

O mesmo se aplica às da psicologia e ciência social. Essas crianças se controlam, sabem de onde vem suas motivações

e não há nada no mundo que possa impedi-las.

131

um sistema de educação

Os mais velhos Ensinam Os Mais Jovens

E m grupos etários mais jovens, filhos de idades diferentes podem estar juntos em parte do tempo, apesar das grandes diferenças entre eles.

Em princípio, tal comportamento é muito bom para os mais jovens porque eles vêem os exemplos dos

mais velhos.

As crianças naturalmente aspiram ser como as crianças mais velhas, de forma os mais velhos precisam ser

devidamente instruídos sobre como tratar os mais jovens, para orientá-los e ensiná-los.

132

Crianças do Amanhã

Integrando As crianças no Ensino

N ão precisamos nos contentar com um professor ensinando. Devemos também utilizar a ajuda mútua entre as crianças.

os mais novos aprendem dos mais velhos e os mais velhos

por meio de seu trabalho com os mais jovens, aprendendo a abordagem correta

em relação à educação e aprendizagem.

Em certa medida, as crianças mais velhas tornam-se professores e ganham insights sobre a forma de como eles próprios estão sendo criados.

133

um sistema de educação

Jovens Educadores

A sabedoria da Cabala explica que somente os

graus adjacentes mais elevados podem corrigir educar, ensinar, e tendem ao grau abaixo deles.

Embora a mãe esteja em um grau mais elevado do que os seus filhos, ela deve mudar para um menor grau, embora ainda um pouco maior que a criança, assim ela pode promover a criança pouco a pouco.

Este é o caminho para o avanço que a natureza criou para nós. Por esta razão é

melhor para os educadores serem jovens e com uma mentalidade e uma visão de mundo que esteja tão perto quanto possível da visão das

crianças com as quais eles precisam trabalhar.

134

Crianças do Amanhã

Sopa Educacional

Os elementos de internalidade devem ser integrados em todos os compromissos das crianças durante todo o dia. Desta forma, um a criança pode brincar praticar esportes, cantar, dançar, ou comer, mas ainda ouvir discussões sobre a alma e o estudo de temas diferentes.

o tempo na escola deve tornar-se um todo, uma "sopa"

que a criança está desde a manhã até a noite, que

diga respeito ao homem e seu mundo.

As crianças que crescem desta forma começam a ver o mundo como um todo único, aberto em todos os sentidos, em todos os canais, e isso as constrói.

Além disso, em todas essas coisas, devemos constantemente integrar o trabalho na sociedade das crianças, desde as relações que elas desenvolvem entre si até a abordagem que elas desenvolvem em direção ao mundo ao seu redor.

Devemos ensiná-las a ver a realidade de uma maneira ampla e integral Uma criança não deve distinguir entre a casa

e a escola,

si própria do mundo, ou o mundo

perceptível do mundo que está além da percepção.

135

um sistema de educação Ao Invés
tudo deve ser incluído como um todo.
isso é chamado

"Amarás o teu amigo como a ti mesmo." Quando a criança se une aos demais

e sente que eles são "seus". não há
diferentes tópicos,

um professor favorito ou um odiado,

Amigos que ela se dá bem

e amigos que ela não se dá bem. nada é dividido,

mas tudo está presente agora para servi-lo.

136

Crianças do Amanhã

Um único Quadro

A sabedoria da Cabala é a raiz de todas as ciências, a

raiz de todos os ensinamentos. Quando você começa a descobrir isso,
você descobre em sua luz todos os outros ensinamentos.

Ao nível dos inanimados, é física, química e geologia.

no nível vegetativo, é botânica e ecologia. na

no nível animado é a biologia, a

zoologia e a medicina. e, em seguida, no nível falante aparece diante de
você, o que

sabedoria da Kabbalah trata.

No entanto, tudo deve ser amarrado em uma única imagem.

Vamos dividir a natureza em diferentes disciplinas, quando na verdade
é um todo. é por isso que não entendemos.

Uma criança,

no entanto, percebe tudo como um único mundo, incluindo o mundo espiritual.

portanto, se nós ensinamos a natureza como uma única imagem, sem cortá-la

em disciplinas, as crianças vão entender melhor.

137

um sistema de educação

Modelando as Crianças para um Grupo

E m educação, de acordo com a sabedoria da Cabala, cada

criança é ensinada a usar o termo "grupo".

é como velejar, chegamos ao destino final apenas por

participação mútua.

as crianças devem ser reunidas em grupos, e não classes,

e providenciar que a educação seja fcita em uma pequena sociedade, ou em "um grupo" o que significa "educação em grupo".

Em outras palavras, através da prática, jogos e outros meios, devemos permitir que as crianças compreendam o significado da união dos corpos que produz a união das almas.

138

Crianças do Amanhã

Resposta da Sociedade

I magine que a criança fez algo de ruim em sala de aula.

toda a turma viu o que aconteceu e começou a condenar o

a criança. Eles não irão falar ou aceitar o infrator se

ele ou ela continuar com o mesmo comportamento.

Tal atitude da sociedade afeta uma criança muito fortemente, e evita a repetição do comportamento anterior.

139

um sistema de educação

Educação, não punição

A s crianças precisam determinar seus próprios castigos;

Caso contrário, não há educação, apenas castigo.

também, sob nenhuma circunstância a punição deve ser

resultado de nossas emoções naquele momento.

Temos de relacionar o incidente só mais

tarde, na hora

que designarmos para isso, tal como no tribunal, onde o caso é apresentado em um dia

e discutido em outro dia.

Quando for discuti-lo, devemos examinar o ego da criança que de repente é despertado, como um diabinho, provocando a criança a

fazer coisas ruins. A criança precisa entender e estar ciente do trabalho comum que estamos a realizando em conjunto em relação ao que acontece dentro de nós.

140

Crianças do Amanhã

Um Novo Tipo de Recompensa e Punição

As crianças devem ser tratadas de forma a que elas

entendam a conexão entre punição, recompensa, e do ato em si. Elas precisam entender que a punição não é uma

punição, mas a educação. Do mesmo modo, o feedback positivo não é uma

recompensa, mas um resultado natural e correto da ação certa. As crianças devem entender que qualquer que seja o caso as atitudes dos pais e dos educadores são apenas para o bem delas. Como isso deve ser feito?

o educador deve criar uma situação onde a criança

não tenha punição como castigo, mas como uma espécie de

efeito que irá ajudá-la a evitar uma infração semelhante no futuro.

O melhor é dedicar um tempo especial durante a semana para discutir com os filhos tudo que aconteceu durante

a semana. 141

um sistema de educação

Por exemplo: "agora você merece essa punição.

Seria certo puni-la dessa forma? O que você acha?

Será que tal atitude vai ajudá-la a cuidar-se melhor

da próxima vez, e evitar a quebra dos limites de comportamento que determinamos? Ou você acha que um tipo diferente de

de punição seria necessária? Vamos pensar juntos, afinal, estamos trabalhando no ego juntos.

"Na hora", você dizer à criança: "Você é como um juiz objetivo para o seu ego.

Você e eu estamos examinando isso.

O que você acha que podemos fazer com essa 'praga'

dentro de você? "

Desta forma, educamos e elevamos o

nível do "ser humano"

na criança. Caso contrário, a criança vai entender mal,

tornar-se irritada, e procurar maneiras de escapar da punição.

Se trabalharmos corretamente, a criança começará a ver que estamos tratando-a respeitosamente, como a um adulto, tentando encontrar a melhor solução em conjunto para lidar com o ego dela.

142

Crianças do Amanhã

Vendo a vida Corretamente
Precisamos construir gradualmente

uma nova abordagem à realidade das crianças.

em vez de ver a vida

como uma competição com os outros,

Devemos olhar para a vida

como algo para ter sucesso com os

outros.

Desta forma, seremos capazes de poupar nossos filhos

dos problemas que temos em nossa geração.

143

um sistema de educação

A escola Começa em Casa

A escola deve estar próxima ao que está acontecendo em casa.

Em outras palavras, os pais também devem estar envolvidos nos

compromissos da criança na escola.

se na escola, estão discutindo como mudar,

como aproximar-se da finalidade da criação,

como unir-se,

a criança deve saber que esta é a meta de casa,

e ver que isso é o que está

na mente dos adultos, também.

Dessa forma, a criança não vai se sentir separada da sociedade dos adultos e não

ter pensamentos como: "Quando eu crescer

eu farei o que quiser. Eu só preciso terminar a escola e sair daqui. "ao invés disso, a criança vai ver que o mundo adulto lida com a mesma coisa que a escola está lidando,

e irá apreciar isso.

Portanto, é muito importante que professores, educadores, e os pais estejam envolvidos no mesmo trabalho interior, o mesmo processo como as crianças.

144

Crianças do Amanhã

Parceiro Ativo
O estudo.

deve tornar a criança Em uma parceira ativa, Igual ao adulto. Imagine a

Confiança e orgulho

que as crianças vão se sentir depois.

145

um sistema de educação

Aprendendo a Ser Humano

Q uando a sabedoria da Cabala ensina uma pessoa que

ela está operando exclusivamente em unidades de egoísta, também ensina como é possível transcender a natureza egoísta e ascender acima da besta dentro do nível humano.

É um assunto que pode ser ensinado na escola.

uma pessoa que se forma a partir de tal escola será realmente humana, e vai

saber muito mais do que a ler, escrever e

calcular. 147
O Guia... ...

Capítulo Dois O Guia... ...

Deixe o Amor Reger

Um educador é uma pessoa que nasceu desse jeito.

É uma pessoa que nasceu para a amizade,

não para a dominação.

Um educador é aquele que sente que o amor deve governar,

e não o educador. 148

Crianças do Amanhã

De Acordo Com o Jeito da Criança

A educação não deve ser

de acordo com o modo do educador, mas segundo o modo da criança.
Caso contrário,

tal pessoa não pode ser um educador. 149
O Guia... ...

Vendo Ao Longe
Um professor deve ser

Uma pessoa com visão muito ampla E uma base muito sólida.
Essa pessoa deve saber onde levar o aluno, e

definir que tipo de alunos deseja ver no

final do processo, após vários anos de trabalho com eles.

150

Crianças do Amanhã

Um professor = um amigo adulto

Pergunta: como os alunos devem ver o professor?

Resposta: como um adulto amigo.

um professor não é aquele que aterroriza e amedronta, mas uma pessoa a quem as crianças querem estar perto

Nós não precisamos criar uma estrutura onde se diz às crianças Levantem-se! ou "Sentem-se!" como se estivessem no exército. em vez disso, deve haver uma atmosfera amigável na qual crianças e os

professores passam muitas horas juntos. 151
O Guia... ...

Vínculo com Crianças

A condução deve realmente vir para baixo, para as crianças, e unir-se e misturar-se com elas.

De dentro desse estado se deve "jogar" algumas

perguntas que as crianças as trabalharão por si mesmas.

Mas todos os questionamentos devem ser feitos dentro do grupo.

152

Crianças do Amanhã

Compreendendo as Crianças

Para compreender as crianças, você deve estar no seu nível.

Se você for maior, então você é um professor ou um pai.

Se você é menor, você é um estudante. Se forem iguais, você é um amigo.

por isso, se você quiser entender as crianças

e criar um vínculo com elas

Você deverá ser mais como um amigo. 153
O Guia... ...

Desça para Elevá-las

Os guias precisam descer ao nível das crianças, ou seja,

vincular-se à elas como amigo. Mas, enquanto se vincula

os guias devem alterar gradualmente o comportamento das crianças.

Devem ir para todos os tipos de lugares com as crianças, fazer todos os tipos de coisas com elas, e se comportam como elas. mas ao mesmo tempo tempo, gradualmente tomar as rédeas em suas mãos e desenhar novos modos de comportamento nas crianças.

154

Crianças do Amanhã

Juntos em Direção à Meta

A s crianças e os pais precisam se mover juntos para a

a mesma meta sublime, e não deixar o professor alheio

ao desenvolvimento da criança.

A criança deve sentir que o professor está passando pelo mesmo
desenvolvimento e esforça-se pelo o mesmo objetivo.

com base na própria experiência do professor em andar na mesma
estrada

em direção ao equilíbrio com a natureza, o professor pode revelar às
crianças apenas um pouco mais do que aquilo que elas já sabem. Este
deve ser o ambiente enquanto aprendem.

155

O Guia... ...

Um professor é...

Um professor é aquele que ensina como viver,
como sobreviver,

como entender a imagem do mundo. um professor é tudo.
um professor é Quem esculpe você
em um ser humano.

156

Crianças do Amanhã

Ser Professor

C um relação à construção de um ser humano, à preparação das crianças para a vida, apenas uma pessoas que tenha se desenvolvido no sentido espiritual

pode ser um professor.

não pode ser uma pessoa que acaba de se formar na universidade ou alguma instituição de ensino superior.

Como essa pessoa vai ensinar o comportamento correto no mundo se ela ainda não sabe o que está acontecendo dentro dela?

157

O Guia... ...

Um Modelo
O papel dos educadores

é proporcionar à geração mais jovem Um exemplo do grau seguinte

que devemos aspirar Um passo de cada vez. 158

Crianças do Amanhã

Parceiros

Se os pais e os professores apreciam o objetivo

ao qual as crianças são destinadas, eles se tornam parceiros, avançando juntos,

evoluindo de mãos dadas com as crianças.

O Guia... ...

Educação Começa Com a Atitude

As crianças se desenvolvem pela forma como são tratadas,

pela forma como lhes falam, e pelos exemplos que vêem.
portanto, um guia deve ser um exemplo para as crianças

através de sua atitude para com elas em cada palavra,
em cada ação,

e em cada movimento.

"Nós não criamos nada novo. Nosso trabalho é apenas iluminar
O que se esconde dentro de cada um. "

Menachem Mendel de Kotzk

Apêndice:

Sugestões de Leitura

163

O Sábio Coração:

Contos e alegorias de três sábios contemporâneos

O Coração Sábio introduz uma antologia cuidadosamente trabalhada de contos e alegorias pelo Cabalista Dr.

Michael Laitman, seu mentor, Ashlag Rav Baruch (Rabash), e o pai do Rabash e mentor,

Rav Yehuda Ashlag , autor do comentário Sulam (Escada) sobre o Livro do Zohar. as alegorias aqui fornecem uma idéia sobre a maneira como os Cabalistas experimentam o mundo espiritual, com surpreendentes,

e muitas vezes divertidos retratos da natureza humana, com um toque suave, único dos Cabalistas.

164

Juntos para Sempre

A história sobre o mago que não quer ficar sozinho

em Juntos para Sempre, o autor nos diz que se formos pacientes e suportarmos as provações que nós encontramos ao longo do caminho da nossa vida, vamos

nos tornar mais forte, mais corajosos e sábios. em vez de crescermos mais fracos, vamos aprender a criar a nossa própria magia e nossos próprias maravilhas como somente um mago pode fazer. Neste conto, Michael Laitman compartilha com as crianças e os pais algumas jóias

e os encantos do mundo espiritual. A sabedoria da Cabala é cheia de histórias fascinantes. Juntos para Sempre é outro presente desta fonte perene de sabedoria, cujas lições fazem

nossas vidas mais ricas, mais fáceis e muito mais gratificantes.

{165}

Milagres Podem Acontecer

(Contos para crianças, mas não apenas para crianças...)

Para crianças de todas as idades: dez contos de encantamento que descrevem como

Milagres podem acontecer quando abrimos nossos olhos para a alegria e beleza que vem de estar conectado com os outros. esta coleção sincera de histórias infantis cria uma apreciação das

maneiras maravilhosas da natureza, revelando a verdade eterna de que somente juntos

podemos fazer algo realmente maravilhoso.

166

O Baobab que Abriu o Seu coração

e Outros Contos da Natureza para Crianças

O Baobab que abriu o seu coração é uma coleção de histórias para crianças, mas não apenas para elas. As histórias nesta coleção foram escritas com o amor da natureza, de pessoas e,

especificamente, com as crianças em mente. todos eles compartilham o desejo de narrar o conto de unidade, de união, e amor.

A Cabala ensina que o amor é força motriz da natureza, a

razão da criação. as histórias deste livro transmitem

de maneira original que gera a Cabala em seus alunos. o

variedade de autores e a diversidade de estilos permite que cada leitor
encontrar a história que mais gosto.

COMO ENTRAR EM CONTATO

Bnei Baruch

1057 Steeles Avenue West, suite 532 3X1 Toronto, ON, M2R
Canadá

Bnei Baruch EUA, 2009 da rua 85, # 51,
Brooklyn, New York, 11214 EUA
Email: info@kabbalah.info

Web site: www.kabbalah.info

Ligação gratuita nos EUA e Canadá: 1-866-Laitman
Fax: 1-905 886 9697

www.ingramcontent.com/pod-product-compliance
Lightning Source LLC
Chambersburg PA
CBHW080314290526
45790CB00005B/2033